Die Weihnachtsgeschichte nach Lukas (S. 64/65)
ist zitiert aus der Einheitsübersetzung der Heiligen Schrift,
vollständig durchgesehene und überarbeitete Ausgabe
© 2016 Katholische Bibelanstalt GmbH, Stuttgart
Alle Rechte vorbehalten

© Verlag Herder GmbH, Freiburg im Breisgau 2020
Alle Rechte vorbehalten
www.herder.de

Gesamtgestaltung: Nadine Clemens, München
Druck: Graspo, Zlín
Printed in the Czech Republic

Gedruckt auf umwelfreundlichem,
chlorfrei gebleichtem Papier

ISBN 978-3-451-71362-0

Ursel Scheffler

Mein großes
WEIHNACHTSBUCH

Mit Illustrationen
von Betina Gotzen-Beek

FREIBURG · BASEL · WIEN

Inhalt

Schneemannzeit
Leise rieselt der Schnee *Lied* — 8
Der Schneemann, der auf die Rutschbahn wollte *Geschichte* — 10
Die Klappermaus *Gedicht* — 16
Wir basteln einen Adventskalender *Basteltipp* — 18

Nikolaus
Lasst uns froh und munter sein *Lied* — 22
Ein Geschenk für den Nikolaus *Geschichte* — 24
Nikolaustag *Gedicht* — 28
Wir basteln ein Memory *Basteltipp* — 30
Die Legende vom heiligen Nikolaus *Geschichte* — 32

Advent
Macht hoch die Tür *Lied* — 34
Ein Baum blüht im Winter *Geschichte* — 36
Adventsgedicht *Gedicht* — 40
Die Nussknackerweisheit *Gedicht* — 41
Wir basteln eine Wunschzettelbox *Basteltipp* — 42
Weihnachtspapier mit Kartoffeldruck *Basteltipp* — 43

Vorfreude

Morgen, Kinder, wird's was geben	*Lied*	44
Die Weihnachtsmann GmbH	*Geschichte*	46
Knecht Ruprecht	*Gedicht*	52
Wir basteln Christbaumschmuck	*Basteltipp*	54
Der Zauberteig	*Basteltipp*	56

Weihnachten

Alle Jahre wieder	*Lied*	58
Das besondere Weihnachtspaket	*Geschichte*	60
Der Stern von Betlehem	*Gedicht*	62
Die Weihnachtsgeschichte	*Geschichte*	64

Dreikönig

Ihr Kinderlein, kommet	*Lied*	66
Onkel Piet und die Weihrauchbäume	*Geschichte*	68
Die Weisen aus dem Morgenland	*Gedicht*	74
Die Heiligen Drei Könige	*Geschichte*	76

Leise rieselt der Schnee

Text: Eduard Ebel (1839–1905)
zu einer alten Melodie

Lei - se rie - selt der Schnee,
In den Her - zen wird's warm,
Bald ist hei - li - ge Nacht,

still und starr ruht der See,
still schweigt Kum - mer und Harm,
Chor der En - gel er - wacht,

Der Schneemann, der auf die Rutschbahn wollte

Endlich hatte es geschneit! Den ganzen Tag haben die Kinder auf dem Spielplatz im Schnee herumgetobt. Sie haben Schneeburgen gebaut und sich Schneeballschlachten geliefert. Das Schönste aber war, gemeinsam den Schneemann zu bauen, der gleich neben der Rutschbahn steht.

Jetzt ist es ganz still. Alle Kinder liegen längst in den Betten und schlafen. Und die Erwachsenen auch. Sogar die, die bis spät in die Nacht Sportschau geguckt haben, weil wieder ein spannendes Fußballspiel auf der anderen Seite der Welt ausgetragen wurde.

So still ist es, dass man die Trippelschritte der kleinen Maus hören kann, die jetzt um den Schneemann herumläuft.

»Hilfe!«, fiept sie, denn es ist eine Eule hinter ihr her.

»Komm!«, brummt der Schneemann gutmütig. »Versteck dich unter meinem Bauch!«

Das tut die kleine Maus sofort, und die Eule wundert sich: Wohin ist die verflixte Maus auf einmal verschwunden? Die Eule setzt sich auf den Ast über dem Schneemann. Verärgert schüttelt sie ihr Gefieder, weil ihr die freche Maus entwischt ist. Schnee rieselt von den Ästen herunter.

»Keine Wolke am Himmel, und es schneit?«, wundert sich der Schneemann.

»Das war die Eule, vor der du mich gerettet hast!«, sagt die Maus. »Sie hat Schnee vom Baum geschüttelt.«

Es folgt noch mal ein kleines Schneegestöber.

»Jetzt ist sie weggeflogen! Gott sei Dank!«, seufzt die kleine Maus und kommt aus ihrem Versteck. Sie bewundert den Schneemann von oben bis unten und sagt: »So einen schönen, großen, schneeweißen Schneemann wie dich hab ich noch nie gesehen!«

»Trotzdem wäre ich lieber klein und mausegrau wie du und hätte dafür Beine zum Laufen. So muss ich immer hier stehen bleiben. Wie festgewachsen.«

»Das kann man ändern«, sagt die pfiffige Maus. »Weißt du nicht, dass Schneemänner in klaren Vollmondnächten wandern können, wenn sie einer an der Hand nimmt?«

»Wer sollte mich schon an der Hand nehmen?«, seufzt der Schneemann.

»Ich zum Beispiel«, kichert die kleine Maus. Sie klettert am Besenstiel hoch und setzt sich auf die rechte weiße Hand des Schneemanns.

»Komm!«, ermuntert sie ihn. »Du hast mir geholfen. Da ist es nur recht, dass ich dir auch einen Gefallen tue! Wohin möchtest du gehen?«

»Einmal auf der Rutschbahn rutschen!«, sagt der Schneemann.

Er hat den ganzen Nachmittag an nichts anderes gedacht, als er sah, welchen Spaß die Kinder dabei hatten.

»Dann komm schon!«, fordert ihn die Maus auf. »Du kannst nur fest dran glauben, dass es geht. Rechtes Bein, linkes Bein!«

»Tatsächlich!«, murmelt der Schneemann verblüfft. »Es geht! Ich gehe!«

Er rutscht und rollt mehr, als er läuft, aber er kommt voran!

Und schließlich erreicht er die Rutschbahn.

Auf eine Leiter hinaufzuklettern, ist für einen Schneemann natürlich ziemlich schwierig. Die Maus schiebt ein bisschen. Sie scheint Wunderkräfte zu haben, denn tatsächlich kommt der Schneemann bis oben hinauf. Geschafft! Und dann rodelt er hinunter. Hujjjj! Das ist ein Spaß! Jetzt will er auch noch auf die Wippe und auf die Schaukel.
Die Maus macht ihm alles vor, und der Schneemann turnt hinterher.
Das geht eine ganze Weile gut. Bis sich eine dicke Wolke vor den Vollmond schiebt. Plötzlich ist der Zauber vorbei.
»Ich bin müde!«, sagt der Schneemann und sinkt in den Schnee.
»Gute Nacht!«, sagt die Maus. »Ich muss jetzt nach Haus!«
»Es war schööön«, gähnt der Schneemann und wirft Besen und Mütze neben sich. »So schön!«
»Seht doch bloß! Jemand hat unseren Schneemann umgeworfen und ihm Mütze und Besen weggenommen!«, rufen die Kinder am nächsten Morgen.

»Komisch, ich hätte geschworen, dass er gestern auf der anderen Seite der Rutschbahn stand«, behauptet ein Junge. »Komm, wir richten ihn wieder auf.«

»Vielleicht ist er ja in der Nacht herumgelaufen?«, überlegt das Mädchen, als sie dem Schneemann die Mütze wieder aufsetzt.

»Erzähl doch keine Märchen!«, sagt der Junge und drückt dem Schneemann den Besen in den Arm.

»Märchen? Warum eigentlich nicht?«, kichert die Maus, die von ihrem Versteck unter der Eberesche aus alles genau beobachtet.

»Gibt es etwas Schöneres um diese Jahreszeit?«

Am nächsten Tag kommen die Kinder nicht. Sie müssen in die Schule und in den Kindergarten.
Der Schneemann steht ganz allein auf dem Spielplatz. Ein Spatz setzt sich auf seine Mütze.

»Ach«, sagt der Schneemann und sieht den Wolken nach. »Wie gern möchte ich auch mal fliegen!«

»Komm doch mit!«, ruft der Spatz. »Es ist ganz einfach!«

Er flattert vor dem Schneemann auf und ab.

»Ich bin am Boden festgefroren!«, seufzt der Schneemann. »Kannst du sehen, was hinter der Spielplatzmauer ist?«

Der Spatz fliegt auf die Mauer und berichtet: »Da kommen ein Feld und eine Wiese und dann das Meer. Es ist so groß, dass alle Spatzen der Welt es nicht leer trinken könnten!«

»Dann muss es wirklich groß sein!«, sagt der Schneemann. »Und was ist hinter dem Meer?«

»Das weiß ich nicht! So weit ist noch kein Spatz je geflogen!«

Gegen Mittag scheint die Sonne wärmer als sonst. Der Schnee auf der Wiese schmilzt. Die ersten Krokusspitzen sind zu sehen. Es riecht nach Frühling.

Der Schneemann mag die Frühlingssonne gar nicht. Er kommt ins Schwitzen. Wasser rieselt über seinen Bauch. Er wird dünner und dünner.
»Jetzt lernst du wirklich das Laufen!«, sagt die Maus, als das Schmelzwasser herunterläuft und sich in Pfützen am Boden sammelt. Irgendwie hat sie richtig Mitleid mit dem Schneemann, der vor ihren Augen »davonläuft«.
Oje! Da kommt eine Katze. Jetzt läuft die Maus selbst davon!
Kleiner und kleiner wird der Schneemann. Schließlich ist nur noch die Pfütze da. Der Dunst steigt in den Himmel hinauf. Er verdichtet sich zu Wolken. Eine dicke Doppelwolke zieht über den Himmel. Sie sieht für eine Weile haargenau wie ein Schneemann aus!
»Sieh mal einer an«, sagt die Maus, die wieder aus ihrem Loch hervorschaut, überrascht zum Spatzen. »Jetzt hat er doch das Fliegen gelernt, unser Schneemann!«

Spätestens Anfang Dezember beginnt die Zeit der Geheimnisse. Schränke werden abgesperrt. Papierschnipsel oder Geschenkbänder liegen herum. Was macht Papa so lang im Keller? Warum rennt Mama nach dem Einkaufen gleich ins Schlafzimmer? Weshalb ist die Besenkammer abgeschlossen? Bestimmt nicht, damit die Besen nicht weglaufen. Ist doch klar und trotzdem »top secret«:
Weihnachtszeit!

Die Klappermaus

Zur Weihnachtszeit bei uns zu Haus
kam jedes Jahr die Klappermaus.
Sie huschte dort und tapste hier,
sie raschelte mit Goldpapier,
unterm Sofa, hinterm Schrank
oder auf der Küchenbank.
Sie naschte gern vom Kuchenteig,
stahl Weihnachtsschmuck vom Tannenzweig.
Manchmal war die Klappermaus
eine rechte Knabbermaus,
sie schlich sich aus dem Mausversteck
und aß die besten Sachen weg!
Nüsse und auch Marzipan
hatten es ihr angetan.
Sie fraß im Bastelkeller
den Keks von Papas Teller.

Wir fanden kleine Fitzelchen
und Puppenkleiderschnipselchen,
ein Stück Brokat, ein Stück Damast,
Krippenstroh und Bastelbast.
Es gab Geheimnisse im Haus,
die kannte nur die Klappermaus.
Ach, wie war das wunderschön!
Doch keiner hat sie je gesehen.
War dann die Weihnachtszeit vorbei,
war unser Haus stets mäusefrei.
Kein Rascheln mehr im Bastelkeller!
Die Kekse blieben auf dem Teller.
Im nächsten Jahr kam, welch ein Glück,
die Klappermaus zu uns zurück!
Wir, die Kinder, zogen später aus
und mit uns auch die Klappermaus.

Klappermaustest

Vielleicht ist die Klappermaus ja jetzt bei euch? Das könnt ihr ganz leicht feststellen. Stellt abends einen Teller mit frisch gebackenen Weihnachtsplätzchen oder Lebkuchen ins Wohnzimmer. Wenn sie am nächsten Tag verschwunden sind, freut euch: Dann ist die Klappermaus bei euch eingezogen. Oder war es Papa?

Wir basteln einen Adventskalender

Die Schneemannzeit und die Weihnachtsmannzeit liegen bei uns ganz dicht beieinander. Spätestens, wenn man zum ersten Mal durch den Neuschnee tappt, kommt Weihnachtsstimmung auf. Ob Schnee oder nicht: Im November wird es höchste Zeit, an den Adventskalender zu denken, denn der muss am 1. Dezember schon fix und fertig sein.

Viele Leute kaufen ihn einfach oder lassen sich einen schenken.

Viel mehr Spaß macht es, einen ganz persönlichen Adventskalender zu basteln. Für einen guten Freund, für eine Freundin oder für die ganze Familie. Vielleicht sind richtige Sammeltiger unter euch? Denen wird dieser Adventskalender richtig Spaß machen. Man kann nämlich schon lange vor Weihnachten Sachen dafür sammeln.

Und das brauchst du dafür:
Hülle:

* 6 leere Klorollen
* 6 Streichholzschachteln
* 6 kleine Pappschachteln
* 6 leere Joghurtbecher
* 24 Stückchen Geschenkpapier (auch Goldpapier, Folie) zum Einpacken
* Geschenkband, Wollfäden o. Ä. zum Verschnüren
* Eine Perlonschnur, um die fertigen Päckchen dranzuhängen

Inhalt:

Proben aus der Drogerie, Gummibärchen, Spielsachen aus Überraschungseiern, Legosteine, kleine Figuren, Puppenschuhe, Geheimbotschaften (müssen entziffert werden und verraten, wo z. B. etwas Größeres versteckt ist, was nicht in die kleine Schachtel passt, z. B. ein Malbuch, eine Schwimmente, ein Taschenbuch, Abziehbilder, ein Comicheft), Müsliriegel, Seifenblasen, Christbaumschmuck, Sticker, Gutscheine (für eine Kinokarte, einmal Zimmer aufräumen, einen Monat Flaschen/Altpapier zum Container bringen, für eine Woche Spülmaschine ausräumen, einmal Rasen mähen oder Schnee schippen), Gebackenes, Gebasteltes, Gemaltes, Gedichtetes …

So wird's gemacht:

Hier kann die ganze Familie mitbasteln!
Bei vier Familienmitgliedern muss z. B. jeder nur sechs Päckchen packen und in gleichfarbiges (wiedererkennbares) Papier wickeln, damit er nicht aus Versehen ein von ihm gepacktes Päckchen öffnet, wenn er dran ist.
Die Päckchen werden nicht nummeriert!
Füllt die Rollen mit Süßigkeiten oder kleinen Geschenken (Anregungen siehe vorne!). Dann wickelt ihr die Rollen wie ein Riesenbonbon in Geschenkpapier und bindet sie an beiden Enden mit Schleifen zu.
Die kleinen Schachteln werden ebenfalls gefüllt und dann wie große Pakete hübsch verpackt und verschnürt.
Die Joghurtbecher könnt ihr nach dem Füllen in ein Quadrat aus Folie stellen, dessen vier Ecken ihr dann über der Dose zusammenrafft und mit einem Band wie ein kleines Säckchen zubindet.
So bekommt ihr unterschiedliche Päckchenformen. Das sieht sehr hübsch aus.
Jetzt spannt ihr die Perlonschnur auf und befestigt die Päckchen daran. Ihr könnt auch eine Lichterkette dafür nehmen! Oder ihr könnt die Päckchen an große Tannenzweige hängen, die ihr in eine Bodenvase gesteckt habt.
Jeden Morgen beim Frühstück darf derjenige, der an der Reihe ist, ein Päckchen abpflücken. Die Jüngsten dürfen anfangen.

Lasst uns froh und munter sein

Text und Melodie
aus dem Hunsrück

Lasst uns froh und mun - ter sein
Dann stell ich den Tel - ler auf,
Wenn ich schlaf, dann träu - me ich,
Wenn ich auf - ge - stan - den bin,
Nik - laus ist ein gu - ter Mann,

und uns recht von Her - zen freu'n!
Nik - laus legt ge - wiss was drauf.
jetzt bringt Ni - ko - laus was für mich.
lauf ich schnell zum Tel - ler hin.
dem man nicht ge - nug dan - ken kann.

Ref.: Lustig, lustig, tra-la-la-la-la, bald ist Nikolaus-abend da, bald ist Nikolaus-abend da!

Ein Geschenk für den Nikolaus

Es ist Sommer. Im Garten blühen noch die Blumen. Aber der Nikolaus denkt schon an den Winter. Er klettert aufs Dach und repariert die Löcher, damit es nicht ins Haus regnet. Er erntet Äpfel und Kirschen. Er kocht Marmelade und Kompott. Er sägt und hackt Holz für den Ofen. Besonders schöne Holzstücke legt er in eine Kiste und hebt sie gut auf.

Im Herbst arbeitet der Nikolaus bis spät in die Nacht. Aus dem Holz in der Kiste bastelt er Spielsachen. Er hämmert, bohrt und leimt. Er näht Puppenkleider und Kasperlmützen. Er bemalt die Holzspielsachen für die kleinen Kinder und denkt sich allerhand Überraschungen für die großen Kinder aus.

Der November ist da. Der Nikolaus steigt in die Dachkammer hinauf. Er sieht in der Kleiderkiste nach, ob sein Mantel noch in Ordnung ist. Da entdeckt er ein Loch am Stuhl. Das war die freche Maus! Auch im Sack ist ein Loch! Das muss er rasch flicken, damit die Geschenke nicht herausfallen. Oje, und am Schlitten fehlt ein Brett! Bis zum Nikolaustag gibt es noch viel zu tun! Er holt sein großes goldenes Buch. In dem steht alles, was er über die Kinder weiß.

Am 5. Dezember macht sich der Nikolaus endlich auf den Weg. Der Sack auf dem Schlitten ist voller Säckchen und Päckchen. Oh, da hätte er fast das goldene Buch vergessen und den Zettel mit den Adressen! Schnell noch einmal zurück ins Haus! Der Weg in die Stadt ist weit. Er muss sich beeilen. Es ist

eiskalt. Im Wald liegt tiefer Schnee. So kommt der Nikolaus nur langsam vorwärts. Wie gut, dass der Mond so hell scheint, da findet er den Weg besser. Der Schlitten zieht sich schwer. Der Sack ist bis oben vollgepackt. Es sind viele Geschenke drin, denn er muss zu vielen Kindern! Überall in den Häusern brennt Licht.

Die Kinder, die auf den Nikolaus warten, haben ihre Stiefel vor die Tür gestellt. Manche sehen schon ungeduldig aus dem Fenster. Wo er bloß bleibt? Das Haus, in dem Peter, Tina und Anne wohnen, ist das letzte in der Straße. Peter, Tina und Anne essen mit ihren Eltern zu Abend. Dann zünden sie den Adventskranz an und singen ein Nikolauslied. Ganz laut. Aber der Nikolaus kommt immer noch nicht. Wo steckt er bloß?

Die Zeit vergeht schneller, wenn man bastelt und malt, findet Tina.
Anne nimmt ihren schönsten Stern und packt ihn in ein Päckchen.

Da klingelt es. Draußen hört man schwere Stiefel poltern.

»Er kommt!«, ruft Anne erschrocken. Die Tür geht auf. Der Nikolaus!

Da steht er plötzlich, mitten im Zimmer.

»Wart ihr brav?«, fragt er mit tiefer Stimme. Dann klappt er sein großes Buch auf. Daraus liest er vor, was er über Tina, Peter und Anne weiß.

Endlich holt er die Geschenke aus dem Sack. Anne fürchtet sich gar nicht mehr. Sie findet, der Nikolaus sieht fast ein bisschen wie Opa aus!

Peter bekommt den Kran, den er sich schon lange wünscht, Tina ein blaues Puppenbett und Anne einen Kasperl für das Puppentheater.

»Jetzt muss ich leider weiter!«, brummt der Nikolaus. »Es warten noch viele andere Kinder auf mich!«

»Vielen Dank!«, rufen Peter, Tina und Anne.

»Auf Wiedersehen im nächsten Jahr!«, sagt der Nikolaus. Er geht zur Tür. Anne läuft hinter ihm her. »Halt, Nikolaus!«, sagt sie und hält ihn am Mantel fest. »Ich hab noch eine Überraschung!« Sie gibt ihm ein kleines Päckchen. »Das ist für dich!«

Ein wenig verlegen sieht der Nikolaus auf Annes Päckchen. »Danke!«, sagt er und seine Stimme ist viel leiser als vorher. »Ein Geschenk für den Nikolaus? Das ist mir in hundert Jahren noch nicht passiert!«

Er hat es jetzt eilig. Aber ein bisschen neugierig ist er auch.

Draußen auf der Treppe macht er das Päckchen auf.

Was wohl drin ist? Du kannst es sicher erraten!

Nikolaustag

Jonas sieht zum Fenster raus:
Ob er kommt, der Nikolaus?
Regen trommelt an die Scheiben,
draußen ist es kalt und nass.
Lohnt es sich, noch aufzubleiben?
Bringt der Nikolaus noch was?
Es liegt kein Schnee! Da rutscht kein Schlitten.
Vielleicht kommt er angeritten?
Jonas zieht die Stirne kraus:
Wo bleibt er bloß, der Nikolaus???
Schließlich ist es schon nach acht.
Und er hat noch nichts gebracht!
»Jonas komm, es ist schon spät!
Zieh dich aus, du musst ins Bett!
Stell doch deine Stiefel raus,
vielleicht besucht er nachts das Haus!«
Nun, vielleicht hat Mama recht!
Dieser Vorschlag ist nicht schlecht.

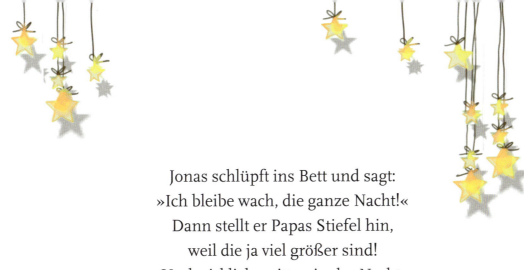

Jonas schlüpft ins Bett und sagt:
»Ich bleibe wach, die ganze Nacht!«
Dann stellt er Papas Stiefel hin,
weil die ja viel größer sind!
Und wirklich, mitten in der Nacht,
behutsam und leise, damit keiner erwacht,
kommt er auf himmlischen Sohlen,
um die Stiefel zum Füllen zu holen.
Jonas schläft längst, das ist zu versteh'n,
aber – er hat IHN im Traum gesehn!!!

Wir basteln ein Memory

Spätestens am Nikolaustag fällt einem ein, dass man mit dem Geschenkebasteln anfangen sollte. Wie wär's mit einem Memory für den großen Bruder, die kleine Schwester oder den vergesslichen Onkel Fred? Das ist ein Bastelvorschlag, der nicht viel mehr kostet als ein bisschen Mühe, Fantasie und Sammlerglück.

Das braucht man dafür:

Leim, Schere, Geschenkpapier, Pappkarton, doppelte Bildmotive, eine Schachtel

Als Erstes müsst ihr Sachen sammeln:
* Pappe für die Memorykärtchen
  (nehmt die Rückseite von Malblocks, zerlegt Schuhkartons usw.)
* Doppelbilder zum Aufkleben für die Memorykärtchen
* eine hübsche flache Schachtel für das fertige Spiel

So wird's gemacht:

Kärtchen:

Wenn der Karton nicht gleichfarbig ist, sollte man ihn vor dem Zerschneiden auf der Rückseite mit klein gemustertem Geschenkpapier bekleben, damit alle Memorykärtchen von hinten gleich aussehen.
Dann den Karton in 6 x 6 cm große Quadrate zerschneiden.

Bilder:

Die Bilder, die auf die Vorderseite der Kärtchen geklebt werden sollen, müssen immer doppelt vorhanden sein. Ihr nehmt am besten 2 gleiche Zeitschriften, Kataloge oder Geschenkpapierbögen. Vor Weihnachten sind auch die Werbebeilagen der Zeitungen oder die Prospekte von Spielwarengeschäften gut dafür zu gebrauchen. Man schneidet immer 2 genau gleiche Motive aus und klebt sie auf die Pappquadrate, also: 2 Teddys, 2 Bohrmaschinen, 2 Katzen, 2 Kängurus, 2 Hexen, 2 Zahnbürsten, 2 Toaster, 2 Computer usw.
Es reicht, wenn ihr 18–24 Pärchen habt.
Für Profis könnt ihr natürlich mehr machen.

Schachtel:

Die Schachtel wird hübsch bemalt oder beklebt. Dann legt ihr die Kärtchen hinein. Falls Onkel Fred die Regeln vergessen hat, solltet ihr sie in den Schachteldeckel schreiben.
Vor allem die Regel Nr. 1: Schummeln ist nicht erlaubt.

Die Legende vom heiligen Nikolaus

Wusstest du, dass der heilige Nikolaus in der Türkei geboren ist?
Er lebte in Myra, einer kleinen Stadt am Meer, nur knapp 100 km südöstlich von Antalya, wo vielleicht einige von euch schon mit ihren Eltern Urlaub gemacht haben. Er hat von 270 bis zum Jahr 347 dort gelebt und war ein großherziger und hilfsbereiter Bischof, von dem man sich viele Geschichten erzählt.

Er ist im Mittelalter zum Schutzpatron der Kinder und Schüler geworden, weil er der Überlieferung nach drei reisenden Studenten das Leben gerettet haben soll. Die drei sollen auf einer Reise von einem grausamen Wirt gefangen, gepökelt und in ein Fass gesteckt worden sein. Deshalb hat man später an den Klosterschulen ein Knabenbischofsfest gefeiert, bei dem ein Kinderbischof gewählt wurde, der für 24 Stunden die Herrschaft übernahm. Nikolaus gilt außerdem als Patron der Seefahrer, weil man sich erzählt, dass er ein in Seenot geratenes Schiff gerettet hat, das im Jahr 325 auf dem Weg zum Konzil nach Nicäa war.

Am bekanntesten ist wohl die Legende von den drei Jungfrauen aus Myra, die von ihrem herzlosen Vater als Sklavinnen verkauft werden sollten. Nikolaus hat ihnen drei goldene Äpfel durchs Fenster geworfen und sie durch dieses großzügige Geschenk gerettet. Er fand auch drei junge Männer, die die Mädchen heirateten, damit sie nicht mehr bei ihrem grausamen Vater bleiben mussten.

Daraus hat sich seit fast 400 Jahren der Brauch entwickelt, dass der Nikolaus Kindern Geschenke in die Schuhe legt, wenn es auch keine goldenen Äpfel sind.

In einigen Gegenden begleitet Knecht Ruprecht oder der wilde Krampus den Nikolaus. Er sollen den Kindern, die vermutlich ziemlich frech waren, ein bisschen Angst machen.

Vor dem Nikolaus braucht ihr euch natürlich nicht zu fürchten. Er ist kein Kinderschreck wie der Krampus, sondern ein guter Freund aller Kinder.

Heute kommt der Nikolaus in verschiedener Gestalt. Manchmal ist er mit Bischofsstab, Bischofsmantel und Mitra wie ein Bischof gekleidet. Manchmal sieht er auch bloß wie ein ganz normaler Weihnachtsmann aus.

Sehr oft sieht man ihn allerdings gar nicht. Er kommt heimlich in der Nacht vom 5. auf den 6. Dezember und legt die Geschenke in die bereitgestellten Schuhe. Das ist sicher am geheimnisvollsten, und jeder kann sich seinen Nikolaus so vorstellen, wie er ihn am liebsten mag.

Macht hoch die Tür

Text: Georg Weißel (1590–1635)
zu einer Melodie aus dem 18. Jahrhundert

Macht hoch die Tür, die Tor macht weit, es
Macht hoch die Tür, die Tor macht weit, eu'r
Komm, o mein Hei-land Je - su Christ, mein's

kommt der Herr der Herr - lich - keit, ein
Herz zum Tem - pel zu be - reit'. Die
Her - zens Tür dir of - fen ist. Ach

Kö - nig al - ler Kö - nig - reich, ein
Zweig - lein der Gott - se - lig - keit steckt
zieh mit dei - ner Gna - de ein, dein

Hei - land al - ler Welt zu - gleich, der Heil und
auf mit An - dacht, Lust und Freud; so kommt der
Freund-lich-keit auch uns er - schein. Dein Heil - ger

Ein Baum blüht im Winter

Dicke Flocken fielen vom Himmel. Der Schnee legte sich wie ein weißes Samtpolster auf die Äste der Bäume. Tannenspitzen bekamen weiße Hauben, und die Zweige der kahlen Laubbäume sahen wie knorrige weiße Finger aus. Wenn ein Vogel ein wenig unvorsichtig auf ihnen landete, schüttelten sie ihren weißen Belag wie Puderzucker ab.

Plötzlich kam ein kleiner Vogel angeflogen und rief aufgeregt: »Ich hab einen Baum gesehen, der blüht! Mitten im Winter! Goldgelbe Blüten hat er! Kommt mit und schaut es euch an!«

»Du bist verrückt«, sagte die Waldohreule. »Einen Baum, der im Winter blüht? Nie im Leben!«

»Hehehe! Du wirst die Schneeflocken für Blüten gehalten haben«, keckerte die Elster. Und dann machten sich die Waldtiere lustig über den unerfahrenen kleinen Vogel.

»Was ich gesehen habe, habe ich gesehen«, piepste der kleine Vogel und steckte gekränkt seinen Kopf unter den Flügel.

Als es dunkel wurde, zogen sich alle Waldtiere in ihre Schlupfwinkel zurück. Bis auf die wenigen, die Nachtdienst hatten. Die Eule zum Beispiel.

Der kleine Vogel schlief längst. Er saß ganz allein auf einem Buchenast und träumte von seinem Blütenbaum. Mitten in der Nacht wachte er auf und dachte: »Ich muss den Baum mit den goldenen Blüten wiederfinden, damit mich die anderen nicht für einen Spinner oder Schwindler halten!«

Noch vor Sonnenaufgang machte sich der kleine Vogel auf den Weg. Es war in der Nähe der großen Stadt gewesen. Er erinnerte sich genau. Aber der Weg dahin war weit. Er musste über Felder und den See fliegen. Und dann noch an der langen grauen Straße entlang. Aber es lohnte sich! Da stand der Baum, in einem Garten am Stadtrand und blühte in der Morgendämmerung! Er sah noch schöner aus, als er es in Erinnerung gehabt hatte.

Das musste er sich ansehen. Diesmal flog der kleine Vogel näher hin. Überrascht stellte er fest, dass es noch mehr solcher prächtiger Bäume in den Nachbargärten gab. Ihre Zweige leuchteten und glänzten ebenfalls.

Als der kleine Vogel weiter über die Dächer der Stadt flog, entdeckte er die Goldblütenbäume auch in Straßen, auf Balkons und auf Plätzen. Sein Herz klopfte aufgeregt. Die ganze Stadt blühte! Er musste sofort zurückfliegen und die anderen Waldvögel holen, damit sie ihm endlich glaubten.

Aber der Weg war weit, und die Tiere ließen sich nicht so leicht überreden. Doch als der kleine Vogel mit seinen Freunden schließlich die Stadt erreichte, stand die Sonne hoch am Himmel. Die Leuchtpracht der Blüten war verschwunden. Es war wie verhext! Dunkle Tannenbäume standen in der Mittagssonne. Sonst nichts.

»Du hast uns angeschwindelt! Jetzt haben wir einen so weiten Ausflug gemacht. Wegen nichts und wieder nichts«, schimpfte die Elster enttäuscht.

»Bei dieser Kälte schlage ich mir den Tag um die Ohren. Nur weil du dir etwas eingebildet hast, was es nicht gibt!«, beschwerte sich die Eule. Sie flog auf einen großen Tannenbaum und holte den versäumten Schlaf nach.

Da begann es wieder zu schneien. Die neugierigen Gimpel, Grünlinge und Tannenmeisen, die mitgekommen waren, ruhten sich auf einem Brunnen aus.

Sie waren zum ersten Mal in der Stadt und beobachteten neugierig die Menschen, die dick vermummt und schweigend durch den Flockenwirbel zum Weihnachtsmarkt hasteten. Sie schleppten Pakete und volle Taschen mit sich herum.

»Seht mal, was hier ist!«, rief eine Meise plötzlich. Sie hatte ein Futterhäuschen an einem Fenster entdeckt und pickte fröhlich drauflos.

»He, Freunde! Sonnenblumenkerne mitten im Winter. Das schmeckt vielleicht!«, rief sie. »Kommt her!«

Die Waldvögel, die sich ihren Futtervorrat sonst mühsam selbst zusammensuchen mussten, ließen sich das nicht zweimal sagen. Die Gimpel schlugen sich begeistert die Bäuche voll. Aber plötzlich gab es Ärger: Eine Stadtspatzenfamilie kam angeflogen und verteidigte ihren Futterplatz mit Geschrei und Schnabelhieben.

»Verschwindet! Das Haus gehört uns!«, rief der Spatzenvater und schlug mit den Flügeln. Er hackte mit dem Schnabel um sich, dass die Federn flogen.

»Wehrt euch Kinder!«, tschilpte er. »Lasst euch von diesem Lumpenvolk nicht das Futter wegnehmen!«

Ein richtiger Kampf brach aus zwischen den Stadtvögeln und den Waldvögeln. Wer weiß, wie er ausgegangen wäre, wenn nicht plötzlich jemand ein Fenster aufgemacht hätte. Musik erklang. Viel schöner als jeder Vogelgesang.

Plötzlich wurde es still auf dem Hinterhof, so still, dass man eine Schneeflocke fallen hören konnte. Es war eine feierliche Melodie, die sogar die streitlustigen Spatzen friedlich zu stimmen schien. Wunderschön. Schöner als der schönste Frühlingsgesang, fand der kleine Vogel.

Und dann sang eine Stimme dazu. Sie erzählte von einem Kind, das in einer Winternacht geboren wurde und dass sich alle Menschen darüber freuen sollten. Und sie sang vom Frieden auf Erden.

Da wurde es auf einmal hell in der Dämmerung. Einer nach dem anderen begannen die Bäume in den Gärten wieder zu »blühen«!

»Seht doch! Seht doch!«, rief der kleine Vogel aufgeregt.

Die Eule, die gerade eingenickt war, fuhr erschrocken hoch und schlug mit den Flügeln, weil sie dachte, dass ihre Tanne Feuer gefangen hätte.

»Die Bäume blühen wirklich!«, rief die Tannenmeise verblüfft.

»Sie blühen sogar in den Zimmern«, rief ein Gimpel.

»Sie blühen nicht, sie glühen«, belehrte sie der stadterfahrene Spatzenvater und ordnete sein zerrupftes Gefieder. »Und das ist jedes Jahr im Dezember so.«

»Er hat recht gehabt, der kleine Vogel«, murmelte die alte Eule. »Die Bäume blühen im Winter. Das ist ein Wunder, das ich nicht begreife.«

»Das ist kein Wunder. Das ist Weihnachten. Da zünden die Menschen Geburtstagskerzen für das Christkind an«, erklärte der Spatz.

»So viel Licht wegen eines Kindes?«, wunderte sich die Eule. »Und warum habt ihr plötzlich aufgehört zu streiten?«

»Verstehe ich auch nicht«, sagte der Spatz und flog auf die Tannenspitze. Er konnte ja nicht ahnen, dass die Vögel genau in dem Augenblick, als sie ihren Streit begruben, ein kleines Stückchen von der Weihnachtsbotschaft erlebt hatten, die vom Frieden auf Erden erzählt.

Adventsgedicht

Advent, Advent, ein Lichtlein brennt.
Erst eins, dann zwei, dann drei, dann vier,
dann steht das Christkind vor der Tür.

Die Nussknackerweisheit

Das Kind:
Nussknacker, du machst ein so grimmiges Gesicht,
sag, schmecken dir meine Nüsse nicht?
Es sind doch wirklich ganz köstliche Dinger.

Der Nussknacker:
Schweig still! Sonst beiß ich dich gleich in den Finger.
Immer nur knacken und nie was probieren,
da muss man doch den Humor verlieren.

Das Kind:
Noch eine Nuss, ja, so mag ich es gern,
hart ist die Schale, und süß ist der Kern!

Doch unser Nussknacker knirscht mit den Zähnen
oder ist es ermüdetes Gähnen?
Mit breitem Grinsen beißt er zum Schluss
auf eine staubige taube Nuss!
Dann lacht der Mann mit dem hölzernen Mund
und tut uns die Nussknackerweisheit kund,
dass wir im Leben, so wie bei den Nüssen,
auf leere Schalen gefasst sein müssen.

Plötzlich fragen Oma, Opa, Onkel Herbert oder Tante Gaby, was man sich zu Weihnachten wünscht, und es fällt einem gerade nicht das Richtige ein. Oder ihr möchtet Mama und Papa gern einen Wunsch erfüllen und wisst nicht welchen? Da hat sich die Wunschzettelbox bewährt ...

Wir basteln eine Wunschzettelbox

Was man dafür braucht:
- einen leeren Schuhkarton
- Gold- oder Geschenkpapier
- einen kleinen Block und
- einen Bleistift

So wird's gemacht:

1. Nehmt den Schuhkarton und beklebt ihn mit Gold- oder Geschenkpapier.
2. Verschnürt oder verklebt ihn »geheimnissicher«.
3. Schneidet in den Deckel einen Einwurfschlitz, wie bei einem Sparschwein.
4. Legt oder klebt einen kleinen Block auf den Deckel.
5. Bindet einen Stift daran (damit er nicht verschwindet).

Jetzt kann jeder in der Familie, dem ein Wunsch einfällt, diesen rasch aufschreiben. Die Zettel werden mit Namen versehen, zusammengefaltet und in die Wunschbox geworfen.

Irgendwann leert dann der Weihnachtsmann (oder einer seiner Vertreter wie z. B. Papa oder Mama) die Schachtel.

Falls ein Wunsch in der Wunschbox ist, der an euch gerichtet ist, wird er bestimmt an euch weitergeleitet.

Weihnachtspapier mit Kartoffeldruck

Man halbiert eine mittelgroße Kartoffel und zeichnet an der Schnittfläche eine einfache Form auf. Vielleicht einen Tannenbaum, einen Stern oder ein Herz. Schneidet die Figur dann vorsichtig mit einem Küchenmesser heraus, so wie ihr es auf der Abbildung seht.

Gebt Plakafarbe auf einen Unterteller und tupft den Stempel hinein.

Jetzt könnt ihr Muster stempeln. Am besten verziert ihr die Umschläge für die Weihnachtspost, das Briefpapier oder die kleinen Anhänger für eure Geschenkpakete gleich mit.

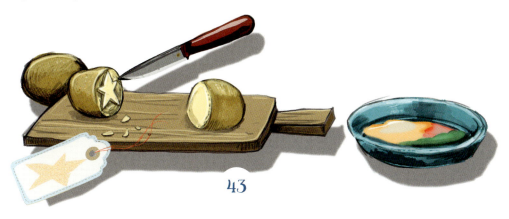

Morgen, Kinder, wird's was geben

Text: Mündlich überliefert
Melodie: Karl Gottlieb Hering (1766–1853)

Mor - gen, Kin - der, wird's was ge - ben,
Wie wird dann die Stu - be glän - zen
Wisst ihr noch die Spie - le, Bü - cher

mor - gen wer - den wir uns freu'n! Welch ein Ju - bel,
von der gro - ßen Lich - ter - zahl! Schö - ner als bei
und das schö - ne Schau - kel - pferd, schö - ne Klei - der,

welch ein Le - ben wird in un - serm Hau - se sein!
fro - hen Tän - zen ein ge - putz - ter Kup - pel - saal.
woll' - ne Tü - cher, Pup - pen - stu - be, Pup - pen - herd?

Die Weihnachtsmann GmbH

Der Weihnachtsmann presst einen feuchten Waschlappen auf die Stirn, sinkt auf die Holzbank in seiner Werkstatt und stöhnt: »Oje! Das ist ja nicht auszuhalten mit dem Weihnachtsstress! So schlimm wie in diesem Jahr war es noch nie!«

Das Telefon klingelt ununterbrochen. Immer wieder ploppen neue Wunschzettel-Mails im Posteingang auf. Und jetzt steht der Postelch mit einem Waschkorb voller Briefe und Karten vor der Tür! Noch mehr Wunschzettel!

»Ich weiß gar nicht, wo ich zuerst anfangen soll! Und dabei hab ich auch endlich das bestellte Goldpapier und die Tannenbaumaufkleber dabei«, sagt der Postelch und gibt ihm den grünen Karton mit den Aufklebern und einen Stapel mit goldenen Rollen.

»Vielen Dank!«, sagt der Weihnachtsmann und bestätigt den Empfang des Goldpapiers auf einem roten Zettel.

»Nur immer mit der Ruhe!«, brummt der Elch. »Kommt Zeit, kommt Rat. Du hast es doch jedes Jahr geschafft.«

Kaum ist der Postelch verschwunden, da klingelt es schon wieder! Draußen stehen der Bär und der Hase und sehen ihn erwartungsvoll an.

»Was – was wollt ihr denn heute von mir?«, fragt der Weihnachtsmann und schiebt sich die wirren weißen Locken

aus der Stirn. Irgendwie ist ihm, als ob er den beiden etwas versprochen hätte. Aber was?

»Hast du vergessen, dass wir bei mir zum Tee verabredet waren?«, fragt der Bär gekränkt. »Ich hab doch heut Geburtstag!«

»Da sitzen wir und warten und warten«, sagt der Hase. »Und du kommst nicht. Als ob es nicht schon schlimm genug wäre, wenn einer im Dezember Geburtstag hat, wenn alle anderen bloß an Weihnachten denken. Der arme Bär!«

»Da hast du recht«, sagt der Weihnachtsmann zerknirscht. »Ich erinnere mich. Du hast dir im letzten Jahr zu Weihnachten gewünscht, dass ich zu deinem Geburtstag komm!«

»Es war mein einziger Wunsch«, brummt der Bär.

»Stimmt!«, sagt der Weihnachtsmann. »Herrje! Jetzt weiß ich auch, was die rätselhaften Buchstaben auf meinem Kalender bedeuten: GMBH steht da. Das heißt: Geburtstagsfeier mit Bär und Hase. Hatte ich doch glatt vergessen. Na ja, man wird nicht jünger.«

»Aber versprochen ist versprochen!«, sagt der Hase.

»Da hast du recht. Ihr müsst schon entschuldigen. Aber ich weiß momentan wirklich nicht, wo mir der Kopf steht. Diesmal ging es schon viel früher als im vergangenen Jahr mit dem Weihnachtsgeschäft los. Die Menschen werden immer verrückter. Sie können einfach nicht warten.«

Der Hase nickt zustimmend: »Jaja. Es gab diesmal schon Ende August überall Schokoladenweihnachtsmänner in den Geschäften!«

»Da ist es doch viel zu warm!«, brummt der Bär. »Es ist lebensgefährlich für einen Schokoladenweihnachtsmann, wenn man nicht abwartet, bis seine Zeit gekommen ist.«

»Du hast recht«, sagt der Hase, »er kann schmelzen. Oder es beißt ihm ein verfressenes Menschenkind kurzerhand den Kopf ab.«

»Was ist jetzt?«, drängelt der Bär. »Kommst du? Ich hab extra einen schönen Geburtstagskuchen gebacken. Schließlich dachte ich, dass man sich auf den Weihnachtsmann verlassen kann ...«

»Ich komm ja schon«, sagt der Weihnachtsmann und wirft einen etwas hilflosen Blick auf die viele Arbeit, die in seiner Werkstatt wartet.

»Jetzt feiern wir erst mal Geburtstag!«, sagt der Hase entschlossen. »Hinterher helfen wir dir, damit du mit deiner Arbeit vorankommst.«

»Da geht dann alles dreimal so schnell«, verspricht der Bär.

»Vielleicht ist eine kleine Pause gar nicht so schlecht«, murmelt der Weihnachtsmann, als er die Werkstatttür hinter sich zuschließt. Unter dem Arm hat er eine Keksdose und ein Päckchen.

Zehn Minuten später sitzen alle drei vergnügt beim Bären und trinken Tee. Der Weihnachtsmann stellt die Dose mit den selbst gebackenen Plätzchen auf den Tisch und ein Päckchen, das in blaues Papier mit silbernen Sternen eingepackt ist. »Das ist eine kleine Geburtstagsüberraschung!«

»Du hast meinen Geburtstag also doch nicht vergessen«, brummt der Bär zufrieden.

Der Hase nickt: »Hat er nicht! Sonst hätte er ja kein Geschenk für dich!«

»Ich glaub, ich weiß, was drin ist!«, sagt der Bär. »Honig, stimmt's? Im letzten Jahr war auch Honig drin!«

»Mach's doch erst mal auf! Wenn ich alles verrate, ist die Überraschung futsch!«, lächelt der Weihnachtsmann geheimnisvoll.

Der Bär wiegt das Päckchen vorsichtig mit beiden Vorderpfoten und überlegt: »Es ist zu leicht für Honig!«

»Nun sieh schon nach«, drängelt der Hase neugierig.

»Oh, es macht Geräusche!«, ruft der Bär überrascht. Ganz vorsichtig wickelt er das Päckchen aus. »Eine Spieluhr!«, jubelt er. Er zieht die Spieluhr auf. Sie spielt ein ganz bekanntes Tanzbärenlied.

»Komm!«, sagt der Hase und tanzt mit dem Weihnachtsmann ausgelassen um den Tisch.

»He! Halt! Werft meinen Kuchen nicht um!«, ruft der Bär, als der Weihnachtsmann mit dem Hasen eine wilde Polka tanzt. Sie lachen, singen, tanzen, trinken Tee und essen Kekse und Kuchen.

»Oh, war das ein toller Geburtstag!«, sagt der Bär, als er schließlich erschöpft in den Sessel sinkt.

»Ausruhen geht jetzt nicht!«, sagt der Hase. »Wer feiert, muss auch arbeiten. Los komm. Wir müssen dem Weihnachtsmann helfen. Das haben wir versprochen.«

»Eigentlich bin ich schon auf Winterschlaf eingestellt!«, sagt der Bär und gähnt.

»Ihr wollt mir also wirklich helfen? Das wäre natürlich fabelhaft«, sagt der Weihnachtsmann, der beim Feiern für einen Augenblick lang seinen Weihnachtsstress vergessen hatte.

»Versprochen ist versprochen!«, sagt der Hase.

»Ich kann ja hinterher immer noch schlafen«, brummt der Bär. »Einen ganzen Winter lang.« Und dann tappt er hinter dem Hasen und dem Weihnachtsmann zur Werkstatt. Die Spieluhr hat er unterm Arm. Und während alle drei hämmern, sägen, basteln, Päckchen packen und Briefe schreiben, lässt der Bär die Spieluhr immer wieder spielen und sagt: »Mit Musik geht alles besser.«

»Mit Freunden, die helfen, geht alles besser!«, sagt der Weihnachtsmann, als er am Abend die fertigen Pakete abzählt.

»Morgen kommen wir wieder«, sagt der Bär.

»Versprochen ist versprochen!«, ruft der Hase.

Bär und Hase halten Wort. Sie helfen dem Weihnachtsmann, wo sie können. Eine ganze Woche lang. Der Bär schleppt die schweren Sachen. Der Hase tippt mit flinker Pfote die allerletzten Weihnachtsbriefe und Postkarten auf dem Computer. Und er schickt noch die letzten Blitzbestellungen für Sonderwünsche ab.

Endlich sind alle Wunschzettel abgehakt und alle Pakete gepackt. Gemeinsam beladen sie den großen Schlitten.

»Was nicht draufpasst, bring ich zum Weihnachtspostamt«, sagt der Bär.
»Und ich werfe dort die Karten und Briefe in den Kasten!«, sagt der Hase.
»Warum hast du als Absender auf alle Pakete WEIHNACHTSMANN GMBH geschrieben?«, will der Hase wissen.
»Das ist in diesem Jahr die Abkürzung für meine Firma«, sagt der Weihnachtsmann und lacht verschmitzt. »Es heißt: **G**eschafft **m**it **B**är und **H**ase!«

Früher, als eure Großeltern Kinder waren, und noch früher, als der Dichter Theodor Storm dieses Gedicht geschrieben hat, war der Knecht Ruprecht der »Weihnachtsmann«, der dem Christkind geholfen hat, die Geschenke zu verteilen. Fragt eure Eltern, bestimmt können viele das Gedicht noch auswendig, und vielleicht magst du es auch lernen.

Knecht Ruprecht
Theodor Storm

Von drauß' vom Walde komm ich her;
ich muss euch sagen, es weihnachtet sehr!
Allüberall auf den Tannenspitzen
sah ich goldene Lichtlein sitzen;
und droben aus dem Himmelstor
sah mit großen Augen das Christkind hervor.
Und wie ich so strolcht durch den finsteren Tann,
da rief's mich mit heller Stimme an.
»Knecht Ruprecht«, rief es, »alter Gesell,
hebe die Beine und spute dich schnell!
Die Kerzen fangen zu brennen an,
das Himmelstor ist aufgetan.
Alte und Junge sollen nun
von der Jagd des Lebens einmal ruh'n.
Und morgen flieg ich hinab zur Erden,
denn es soll wieder Weihnachten werden!«

Ich sprach: »O lieber Herre Christ,
meine Reise fast zu Ende ist.
Ich soll nur noch in diese Stadt,
wo's eitel gute Kinder hat.«
»Hast denn das Säcklein auch bei dir?«
Ich sprach: »Das Säcklein, das ist hier.
Denn Äpfel, Nuss und Mandelkern
essen fromme Kinder gern.«
»Hast denn die Rute auch bei dir?«
Ich sprach: »Die Rute, die ist hier.
Doch für die Kinder, nur die schlechten,
die trifft sie auf den Teil, den rechten.«
Christkindlein sprach: »So ist es recht.
So geh mit Gott, mein treuer Knecht!«
Von drauß' vom Walde komm ich her.
Ich muss euch sagen, es weihnachtet sehr.
Nun sprecht, wie ich's hier drinnen find?
Sind's gute Kind, sind's böse Kind?

Wir basteln Christbaumschmuck aus Salzteig

Wer Spaß am Backen und Basteln hat, der kann beides verbinden und seinen Christbaumschmuck aus Salzteig herstellen. Es ist gar nicht schwer.

Was man dafür braucht:

- 1 Tasse Wasser
- 1 Tasse Salz
- 2 Tassen Mehl
- Ausstechformen oder Papierschablonen, Pinsel, Stricknadel oder Nagel, Backpapier

So wird's gemacht:

1. Das Salz in einer Schüssel Wasser auflösen, das Mehl daruntermischen und zu einem gut formbaren Teig kneten.
2. Den Teig etwa fingerdick ausrollen (viel dicker als Weihnachtsplätzchen!). Mit Ausstechern oder den selbst gemalten und ausgeschnittenen Pappschablonen Engel, Weihnachtsmänner, Sterne, Glocken, Tannenbäume, Herzen oder Tiere formen.
3. Mit einer Stricknadel oder einem dicken Nagel bohrt man ein Loch für den Aufhänger am oberen Rand jeder Figur.
4. Jetzt legt man die Figuren auf das mit Backpapier ausgelegte Backblech.

5. Bei 100 Grad im Ofen 2–3 Stunden backen, bis die Figuren ganz trocken und hart sind. Nicht heißer backen!
6. Nach dem Abkühlen könnt ihr die Figuren mit Plakafarben bunt bemalen. Gut trocknen lassen.
7. Die fertigen Teile eventuell mit Klarlack überstreichen, damit sie länger halten.
8. Ein Band durch das Loch fädeln.

Eins, zwei, drei, flotte Weihnachtsbäckerei

Überall duftet es jetzt nach Weihnachtsplätzchen! Natürlich hat jede Familie ihre Geheim- und Spezialrezepte, die jedes Jahr wieder gebacken werden. Aber manche Rezepte sind so kompliziert, dass sich ein Backanfänger gar nicht rantraut. Daher findet ihr hier ein ganz einfaches Rezept für kleine Backzauberer und Plätzchenhexen. Ihr könnt die verschiedensten Plätzchen daraus formen. Beim Verzieren sind der Fantasie keine Grenzen gesetzt. Wir nennen es das 1-2-3-Rezept. Fachleute sagen Mürbteig!

Der Zauberteig

Was man dafür braucht:

* 100 g Zucker
* 200 g Butter
* 300 g Mehl
* 1 Ei
  (1, 2, 3 – ganz leicht zu merken!)

Zum Verzieren:

* Eigelb, Schokostreusel, Liebesperlen, Nüsse, Marmelade, Schokoladenguss, Hagelzucker, Mandelsplitter, Puderzucker usw.

So wird's gemacht:

1. Alle Zutaten abmessen und kalt stellen.
2. Das Mehl in eine Schüssel geben und mit einem Löffel eine Mulde hineindrücken. Da kommt der Zucker hinein. Sieht wie ein Vulkan aus.
3. Das Ei aufschlagen und auf den Zucker geben.
4. Die kalte Butter in kleine Stückchen schneiden und auf dem Mehlrand des »Vulkans« verteilen.
5. Jetzt ganz schnell mit kalten Händen durchkneten und den Teig zu einer Kugel formen.
6. Den Teig in eine Folie wickeln und kalt stellen.

Tipp:
Kluge Bäcker machen den Tag schon am Abend vorher.
Kleine Bäcker lassen den Teig von Mama oder Papa machen.

Und jetzt kommt der Backspaß:
1. Bestreue die Teigkugel mit Mehl und knete sie gut durch.
2. Teile den Teig in 4 Teile und rolle die Stücke nach und nach auf der bemehlten Arbeitsfläche aus.
3. Suche deine Lieblingsbackförmchen und steche Plätzchen aus.
4. Bestreiche sie mit verquirltem Eigelb, verziere sie nach Lust und Laune.
5. Lege die Plätzchen auf ein mit Backpapier ausgelegtes Blech und schiebe sie bei 220 Grad für etwa 10 Minuten in den Backofen.

Das besondere Weihnachtspaket

Die alte Frau Pawlak kriegt nie Post. Wenigstens zu Weihnachten bekäme sie gern einen Brief oder ein Paket. Aber wer sollte ihr schon schreiben? Ihr Mann ist schon vor vielen Jahren gestorben. Kinder hat sie nicht. Alle Freundinnen sind längst gestorben. Und von ihren Verwandten hat sie seit Jahren nichts gehört. Dann hat sie eine Idee.
Sie schreibt drei Briefe und fünf Postkarten. Dann packt sie ein großes Paket, in das sie alle ihre Lieblingssachen hineinlegt: ihren Lieblingspulli, ihr Lieblingsbuch, ihre Lieblingspralinen, ihren Lieblingsschal und ihre Lieblings-CD. Alles wird hübsch verpackt. Dann bringt sie das Ganze zur Post.
Auf dem Heimweg kauft sie noch ein Päckchen Lebkuchen und einen Schokoladennikolaus. Den Nikolaus soll der Briefträger bekommen, wenn er die Post bringt. Das Päckchen Lebkuchen bekommt der Paketbote.
Sie lächelt zufrieden über ihren Einfall, als sie nach Hause geht.
»Na so was!«, denkt der Postbote, als er die Briefe für Frau Pawlak aussortiert. »Absender und Anschrift sind gleich!« Aber dann denkt er nicht weiter darüber nach. Er hat vor Weihnachten so viel zu tun, da zerbricht man sich nicht unnötig den Kopf. Aber über das kleine Geschenk von Frau Pawlak freut er sich sehr. »Vielen Dank!«, sagt er. »Es freut einen immer, wenn jemand an einen denkt!«
»Da haben sie recht!«, sagt Frau Pawlak. »Und vielen Dank für die Post!«

Am 24. Dezember kommt der Paketbote.

»Gerade noch rechtzeitig!«, seufzt Frau Pawlak erleichtert, als sie die Quittung unterschreibt. »Ich wäre sehr enttäuscht gewesen!«

»Ein großes Paket! Sicher sind Sie gespannt, was drin ist?«, fragt der Postbote.

»Natürlich. Aber ich mach es nicht vor heute Abend auf.«

Sie gibt ihm die Lebkuchen. Der Paketbote bedankt sich und sagt: »Ich hoffe, dass ich bald wieder ein Paket für sie habe, Frau Pawlak!«

»Bestimmt im Februar«, sagt Frau Pawlak und lächelt. »Da hab ich nämlich Geburtstag.«

Der Stern von Betlehem

Eine sternklare Nacht,
eine Mutter, die wacht,
ein Kind im Stall,
Engel überall.

Ein Lied in der Luft,
eine Stimme, die ruft:
Auf Erden allen
ein Wohlgefallen.

Die große Freude
verkünden wir heute
wie ehedem
in Betlehem.

Ohne Gott sind wir schutzlos
wie Hirten und Herden
und wünschen nichts mehr
als Frieden auf Erden.

Die Weihnachtsgeschichte
(nach Lukas 2,1–20)

Es geschah aber in jenen Tagen, dass Kaiser Augustus den Befehl erließ, den ganzen Erdkreis in Steuerlisten einzutragen. Diese Aufzeichnung war die erste; damals war Quirinius Statthalter von Syrien. Da ging jeder in seine Stadt, um sich eintragen zu lassen.

So zog auch Josef von der Stadt Nazaret in Galiläa hinauf nach Judäa in die Stadt Davids, die Betlehem heißt; denn er war aus dem Haus und Geschlecht Davids. Er wollte sich eintragen lassen mit Maria, seiner Verlobten, die ein Kind erwartete.

Es geschah, als sie dort waren, da erfüllten sich die Tage, dass sie gebären sollte, und sie gebar ihren Sohn, den Erstgeborenen. Sie wickelte ihn in Windeln und legte ihn in eine Krippe, weil in der Herberge kein Platz für sie war.

In dieser Gegend lagerten Hirten auf freiem Feld und hielten Nachtwache bei ihrer Herde. Da trat ein Engel des Herrn zu ihnen und die Herrlichkeit des Herrn umstrahlte sie und sie fürchteten sich sehr. Der Engel sagte zu ihnen: »Fürchtet euch nicht, denn siehe, ich verkünde euch eine große Freude, die dem ganzen Volk zuteilwerden soll: Heute ist euch in der Stadt Davids der Retter geboren; er ist der Christus, der Herr. Und das soll euch als Zeichen dienen: Ihr werdet ein Kind finden, das, in Windeln gewickelt, in einer Krippe liegt.« Und plötzlich war bei dem Engel ein großes himmlisches Heer, das Gott lobte und sprach: »Ehre sei Gott in der Höhe und Friede auf Erden den Menschen seines Wohlgefallens.«

Und es geschah, als die Engel von ihnen in den Himmel zurückgekehrt waren, sagten die Hirten zueinander: »Lasst uns nach Betlehem gehen, um das Ereignis zu sehen, das uns der Herr kundgetan hat!« So eilten sie hin und fanden Maria und Josef und das Kind, das in der Krippe lag. Als sie es sahen, erzählten sie von dem Wort, das ihnen über dieses Kind gesagt worden war. Und alle, die es hörten, staunten über das, was ihnen von den Hirten erzählt wurde. Maria aber bewahrte alle diese Worte und erwog sie in ihrem Herzen. Die Hirten kehrten zurück, rühmten Gott und priesen ihn für alles, was sie gehört und gesehen hatten, so wie es ihnen gesagt worden war.

Ihr Kinderlein, kommet

Text: Christoph von Schmid (1768–1854)
Melodie: Johann Abraham Peter Schulz (1747–1800)

Ihr Kin-der-lein, kom-met, o kom-met doch all,
O seht in der Krip-pe im näch-li-chen Stall,
Da liegt es, das Kind-lein, auf Heu und auf Stroh,
O beugt wie die Hir-ten an-be-tend die Knie.

zur Krip-pe her kom-met in Bet-le-hems Stall
seht hier bei des Licht-leins hell glän-zen-dem Strahl
Ma-ri-a und Jo-sef be-trach-ten es froh.
Er-he-bet die Hän-de und dan-ket wie sie.

und seht, was in die-ser hoch-hei-li-gen Nacht
in rein-li-chen Win-deln das himm-li-sche Kind,
Die red-li-chen Hir-ten knien be-tend da-vor,
Stimmt freu-dig, ihr Kin-der, wer sollt sich nicht freu'n,

der Va-ter im Him-mel für Freu-de uns macht.
viel schö-ner und hol-der, als En-gel es sind.
hoch o-ben schwebt ju-belnd der En-ge-lein Chor.
stimmt freu-dig zum Ju-bel der En-gel mit ein.

Onkel Piet und die Weihrauchbäume

Onkel Piet ist Schiffszimmermann, und er ist viel in der Welt herumgekommen. Laura und Lukas freuen sich riesig, dass er diesmal das Weihnachtsfest bei ihnen verbringt. Er hat als Geschenk für die ganze Familie einen neuen Stall für die Weihnachtskrippe gezimmert. Gemeinsam mit Laura und Lukas verteilt er Moos und Steine auf dem Boden rings um den Stall. Und dann stellen sie die Figuren hinein. Maria und Josef zuerst und dann die Krippe mit dem Christkind. Lukas verteilt die Schafe und Laura die Hirten. Dann wickelt Onkel Piet die Heiligen Drei Könige aus dem Seidenpapier.

»Das ist mein Lieblingskönig!«, ruft Laura und deutet auf den König mit dem prächtigen roten Umhang und dem Turban auf dem Kopf. Sie stellt ihn neben das kleine Kamel vor die Krippe.

»Er könnte nächstes Jahr wieder mal ein bisschen Farbe vertragen«, murmelt Onkel Piet mit einem fachkundigen Blick auf die geschnitzte Holzfigur, die er schon aus seiner Kinderzeit kennt.

»Ich mag den kleinen schwarzen König am liebsten«, sagt Lukas. »Er reitet auf dem riesigen Elefanten und bringt die meisten Geschenke.«

Laura dekoriert das Dach mit Tannenzweigen, damit es nicht so kahl aussieht, und sagt dann nachdenklich: »Onkel Piet, vielleicht solltest du noch einen Schlot machen, damit der Rauch raus kann?«

»Der Weihrauch«, ergänzt Lukas.

»Der Weihrauch?«, sagt Onkel Piet und lacht.

»Na ja, den bringen die Könige schließlich mit, oder nicht?«, sagt Lukas unsicher. »Und Weihrauch raucht doch, oder?«

»Ja, natürlich, wenn man ihn anzündet«, sagt Onkel Piet.

»Ich versteh überhaupt nicht, warum die drei Könige so komische Geschenke mitbringen. Ein Baby freut sich doch viel mehr über einen Teddy, eine Rassel, einen Stoffhasen oder so was«, findet Laura. »Aber Weihrauch, Myrrhe und Gold …«

»Ich glaub, da muss ich euch was erklären«, sagt Onkel Piet. »Weihrauch und Myrrhe waren damals, als das Christkind geboren wurde, so wertvoll wie Gold. Und weil die drei Könige schließlich ein neugeborenes Königskind suchten, wollten sie ihm als Geschenk das Kostbarste und Teuerste mitbringen, was es gab. Als Zeichen ihrer Hochachtung.«

»Was ist denn so besonders an Weihrauch?«, fragt Laura.

»Man verbrannte Weihrauch, um Könige und Götter damit zu ehren. Man verwendete Weihrauch außerdem als Heilmittel gegen verschiedene Krankheiten, als Schutz vor Ansteckung und vor Insekten. Und die Leute mochten den intensiven Duft.«

»Und weshalb war Weihrauch so teuer?«, wundert sich Laura.

»Er ist sehr schwer zu beschaffen. Er wächst nur in ganz bestimmten Gegenden im Süden der arabischen Halbinsel, die schwer zu erreichen waren. Meist in Höhenlagen zwischen 500 und 1000 Metern.«

»Er wächst? Wie wächst er denn?«, will Lukas wissen. »Auf Bäumen?«

»Genau!«, sagt Onkel Piet. »Auf Weihrauchbäumen. Aber man kann ihn nicht pflücken wie Apfelsinen oder Kokosnüsse, sondern man gewinnt ihn, indem man die Rinde der Weihrauchbäume anritzt. Das Harz, das der Baum an den wunden Stellen ausschwitzt, nennt man auf arabisch ›Luban‹. Es ist der begehrte Weihrauch.«

»Die armen Bäume«, murmelt Laura.

»Die Bäume brauchen nach der Ernte des Harzes drei Jahre Ruhezeit, damit sie keinen Schaden nehmen. Und die Beduinenfamilien, denen die Bäume seit vielen hundert Jahren gehören, bewachen die Bäume gut. Sie erzählen außerdem überall herum, dass die Bäume von giftigen Schlangen bewacht würden, damit sich keiner in ihre Nähe traut«, ergänzt Onkel Piet.

Das leuchtet Lukas ein. »Gute Idee! Sonst könnte sie ja jeder anritzen oder das Harz stehlen!«

»Ist Harz nicht furchtbar pappig? So wie Honig?«, fragt Laura, die sich an ihre klebrigen Finger erinnert, als sie mit dem Harz am Tannenbaum in Berührung gekommen ist.

»Wenn es getrocknet ist, ist es fest wie Stein. Es sieht goldgelb aus wie Bernstein oder Kandiszucker. Wenn man ein Stückchen davon auf glühende

Kohle legt, verbreitet es seinen unverwechselbaren Duft«, erklärt Onkel Piet. »Es riecht wie in der Kirche.«

»Oder wie die Räuchermännchen aus Holz, in denen Oma immer kleine Räucherkerzen anzündet?«, fragt Lukas.

»Genau. In diesen Räucherkerzen ist auch Weihrauch drin. Zusammen mit Sandelholz, Tannenöl und anderen Düften«, sagt Onkel Piet.

»Hast du schon mal einen Weihrauchbaum in echt gesehen?«, will Laura wissen.

Onkel Piet nickt. »Als ich noch zur See fuhr, lagen wir mal eine Weile im Hafen von Muskat vor Anker. Da hab ich das Weihrauchland besucht. Ein arabischer Freund hat mich zu einem der seltenen Bäume geführt. Wir mussten ganz weit über eine staubige Sandpiste in ein trockenes und steiniges Gebirgstal fahren.«

Onkel Piet nimmt ein Stück Papier und malt: »Ungefähr so sieht ein Weihrauchbaum aus: Er ist etwa so groß wie euer Tannenbaum. Mit dicken knorrigen Zweigen, winzigen grünen Blättern und einer honiggelben Rinde, die sich wie Blätterteig abziehen lässt ...«

»Und? Waren giftige Schlangen dort?«, fragt Lukas gespannt.

»Nein, aber ich hab einen Skorpion gesehen. Der ist allerdings vor mir genauso erschrocken wie ich vor ihm und rasch unter einen Stein geschlüpft.«

»Wow!«, sagt Laura erschrocken.

»Warum pflanzen die Leute die Weihrauchbäume nicht in ihrem Garten an?«, fragt Lukas. »Das ist doch nicht so gefährlich und bequemer.«

»Weil sich Weihrauchbäume nicht anpflanzen lassen. Sie wachsen nur da, wo sie wollen. Es ist noch nie einem Menschen gelungen, einen Weihrauchbaum anzupflanzen. Das hat man mir zumindest erzählt. Deswegen sind sie ja so selten.«

»Erzähl weiter!«, bittet Laura, die die Sache mit den Weihrauchbäumen ziemlich spannend findet. Vor allem das mit den Schlangen und Skorpionen.

»Wenn das Weihrauchharz von den Bäumen geerntet war, dann wurde es mit Kamelkarawanen über viele tausend Kilometer nach Norden transportiert. Man nennt diesen Weg noch heute die Weihrauchstraße. In der Bibel steht, dass die Königin von Saba schon fast tausend Jahre vor der Geburt des Christkindes mit einer riesigen Karawane mit Weihrauch, Gold und Edelsteinen aus Arabien zu König Salomo nach Jerusalem gereist ist. Sie waren monatelang unterwegs. Und sehr gefährlich war das auch.«

»Du meinst wegen der Räuber und so?«, vermutet Lukas.

»Na klar!«, nickt Onkel Piet.

»Sind die Heiligen Drei Könige auch auf der Weihrauchstraße gereist?«, erkundigt sich Lukas.

»Das kann gut sein«, antwortet Onkel Piet. »Die Leute jedenfalls, die mir dort begegnet sind, hatten noch genau die gleichen Turbane auf dem Kopf wie unser König mit dem roten Umhang. Sie trugen lange Gewänder, die man Dischdaschas nennt. Und auf den Weiden liefen die Kamele herum wie bei uns die Kühe.«

»Das ist toll! Wenn ich groß bin, fahr ich ins Weihrauchland und seh mir das alles an«, ruft Lukas begeistert.

»Und ich komme mit«, verspricht Laura. »Aber ich zieh Stiefel an, wegen der Skorpione und Schlangen.«

Die Weisen aus dem Morgenland

Die Weisen aus dem Morgenland,
sie folgen ihrem Stern.
Der Weg ist ihnen unbekannt,
sie suchen Gott, den Herrn.

Ein König wohl, voll Glanz und Pracht,
denkt man auf jeden Fall.
Doch finden sie um Mitternacht
ein Kind in einem Stall.

Die Geschichte von den Heiligen Drei Königen

nach dem Matthäus-Evangelium erzählt

Als Jesus zu Betlehem im jüdischen Lande geboren wurde, herrschte dort der König Herodes. Die Weisen aus dem Morgenland kamen nach Jerusalem und fragten als Erstes beim Königspalast nach: »Wo ist denn der neugeborene König der Juden? Wir haben seinen Stern im Morgenland gesehen und sind gekommen, um ihn anzubeten.«

Als der König Herodes das hörte, erschrak er, denn er wusste, dass im Königspalast kein Kind geboren worden war, und er fürchtete um seinen Thron. Er ließ alle Hohepriester und Schriftgelehrten versammeln und fragte sie, ob sie wüssten, wo das Kind geboren werden sollte.

Und sie sagten ihm: »Du, Betlehem im Land Juda, bist keineswegs die geringste unter den führenden Städten Judas; denn aus dir wird ein Herrscher hervorgehen, der mein Volk Israel weiden wird.«

Da rief Herodes die Weisen wieder zu sich und sagte ihnen, was er herausgefunden hatte. Er schickte sie nach Betlehem und sagte: »Gehet und forscht fleißig nach dem Kind. Gebt mir Bescheid, wenn ihr's gefunden habt, damit auch ich kommen und es anbeten kann.«

Das tat König Herodes nicht ohne Hintergedanken.

Denn wenn ihm der Geburtsort des Kindes bekannt würde, wollte er schon dafür sorgen, dass das Kind ihm und seinem Thron nicht gefährlich werden konnte.
Die drei Weisen, die nichts von diesen Plänen ahnten, zogen weiter nach Betlehem. Und der Stern, den sie im Morgenland gesehen hatten, ging vor ihnen her, bis er über dem Stall stand, in dem das Kind lag. Weil ihnen aber im Traum geboten wurde, nicht zu Herodes zurückzukehren, zogen sie auf einem anderen Weg heim in ihr Land.